Oetinger

Dieses Buch gehört:

Die Eule weiß alles.
Sie zeigt euch, zu welchen Rätseln ihr hinten im Buch die Lösung nachschlagen könnt.

Mehr spannende Bilder und Informationen zu den Krickelkrakels unter: www.krickelkrakels.de

Einband von Ann Cathrin Raab
Druck und Bindung: Westermann Druck Zwickau GmbH, Zwickau
Printed in Germany 2009
ISBN 978-3-7891-6620-4

www.oetinger.de

Die Krickelkrakels

KRICKEL-KRAKEL BUCH

Rätselbilder
zum Weitermalen

Verlag Friedrich Oetinger · Hamburg

Welcher tapfere Ritter hat den Drachen gefangen?
Male die Belohnung neben den Sieger.

1

Wen begrüßt die Meerjungfrau?
Male weitere Meeresbewohner.

Finde die Katzenpaare mit gleichem Fell
und male neue Muster für die weißen Katzen.

Das Erdferkel frisst Termiten, der Uhu jagt Mäuse, der Elefant mag Pflanzen und der Fuchs freut sich über die Gänsekeule. Und wer frisst den Honig?

Honig

Hilf den kleinen Monstern durchs Labyrinth zu ihrem Monsterkönig.

Wie sieht er wohl aus?

Welche der Dinge links gehören unter oder auf das Wasser? Male sie rechts in das Bild.

Zeichne, wie die Piraten den Schatz gefunden haben.

1

3

2

4

Die Flöhe tanzen auf einem Hund. Wie sieht er aus?
Finde die zehn Flohpaare, die gleich tanzen. Wenn du jedes
Paar mit derselben Farbe anmalst, geht es einfacher.

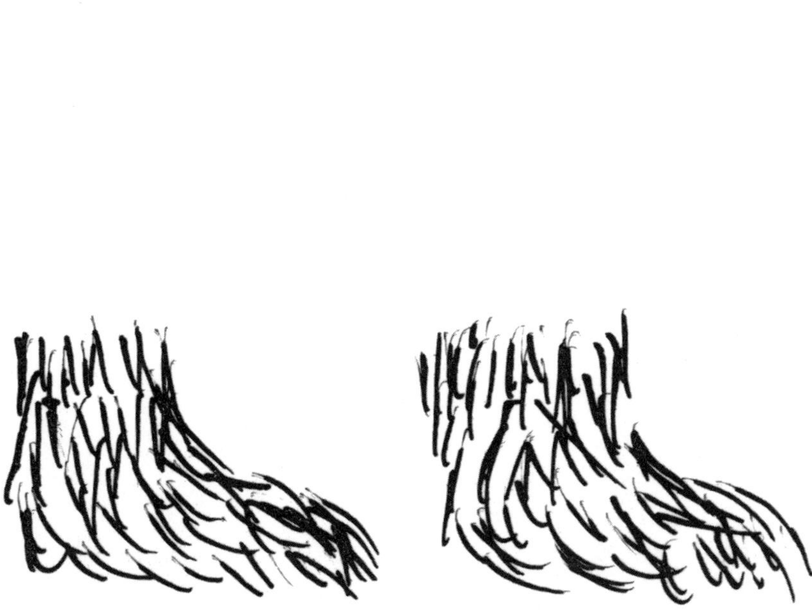

Kuh Käthe und Huhn Anna müssen noch warten, weil gerade jemand anders springt. Er ist sehr groß, hat ganz dickes, zotteliges Fell und mag Honig. Zeichne, wer das sein könnte.

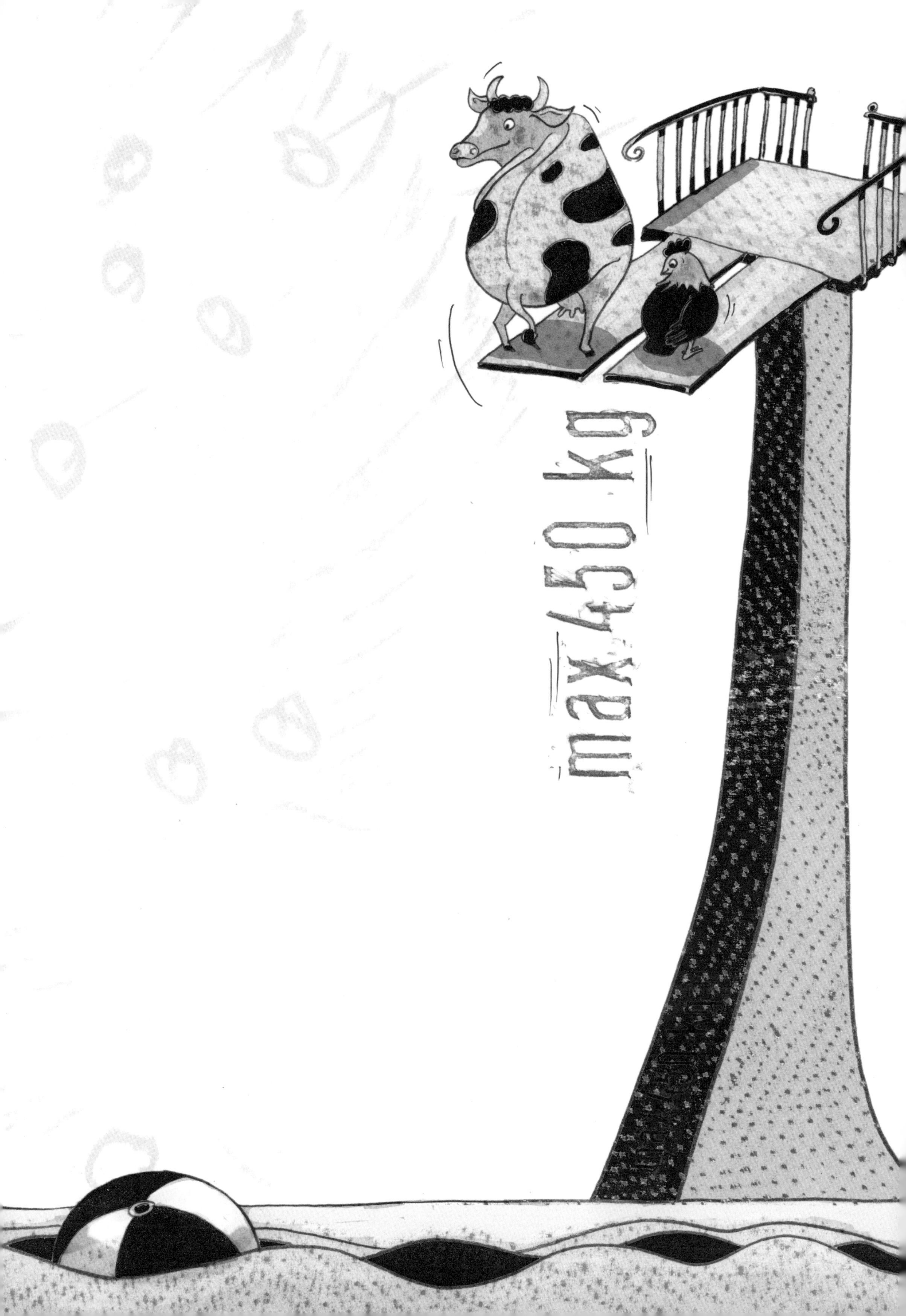
max 450 kg

Filme können lustig sein oder
auch spannend.
Was schauen diese drei wohl an?

Zwölf Zebras haben sich zwischen den Bienen versteckt.
Kringele sie ein.

4

Welche zwei Dinge passen nicht auf die Monsterparty?
Male weitere Gäste.

5

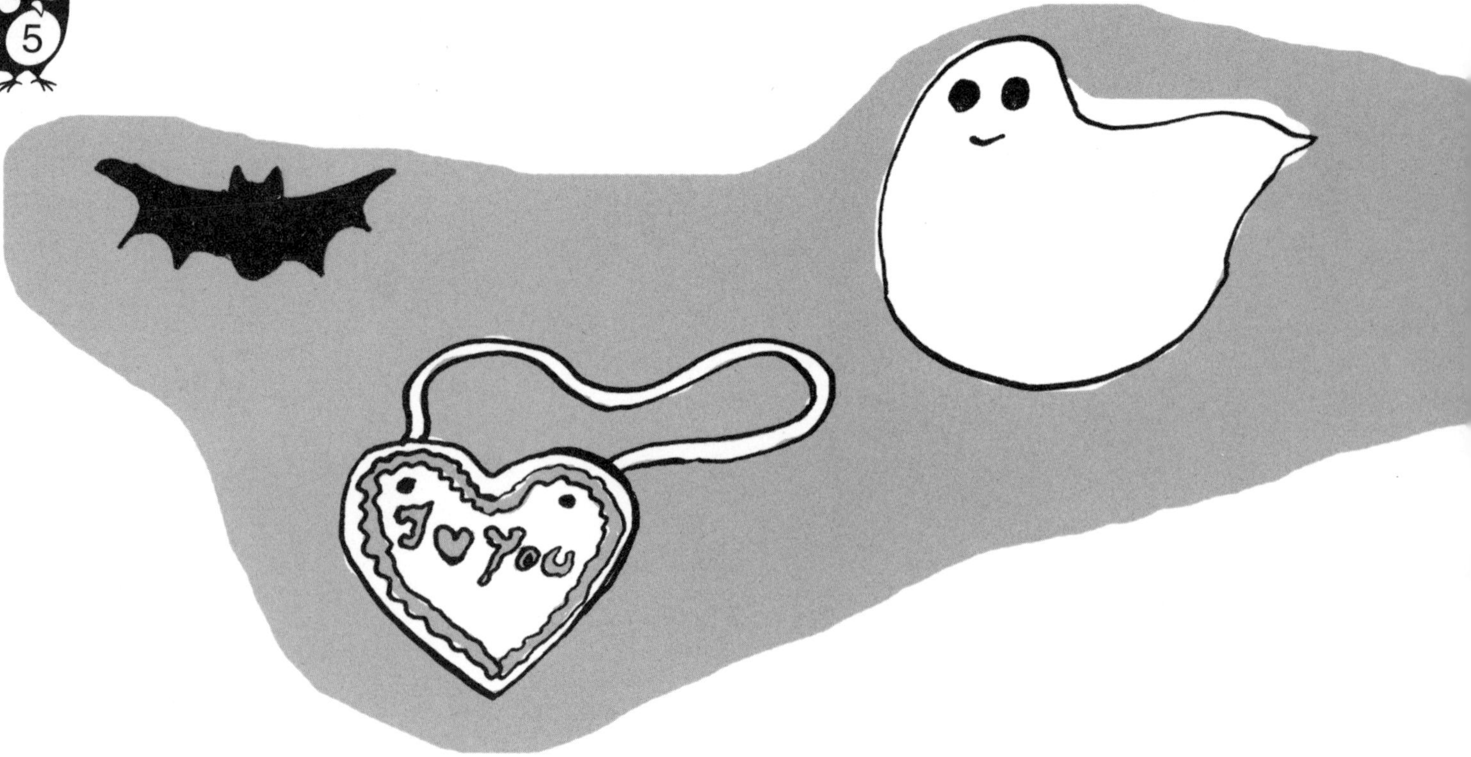

Welche Fußspuren gehören zu welchem Tier und welche gehören dir? Male die Spuren weiter und ein Bild von dir in den Rahmen.

das bin ich

In der Stadt haben sich zwölf Mitternachtsmonster versteckt.
Kannst du sie finden?

Was gehört nicht ins Schwimmbad? Male weitere Schwimmer.

Verbinde die drei gleichen Paare
mit einem Stift, ohne dass
sich deine Linien
überkreuzen.

Übertrage das Bild auf die Kästchen rechts.
So erhältst du ein großes Krokodil. Malst du ihm noch einen Körper?

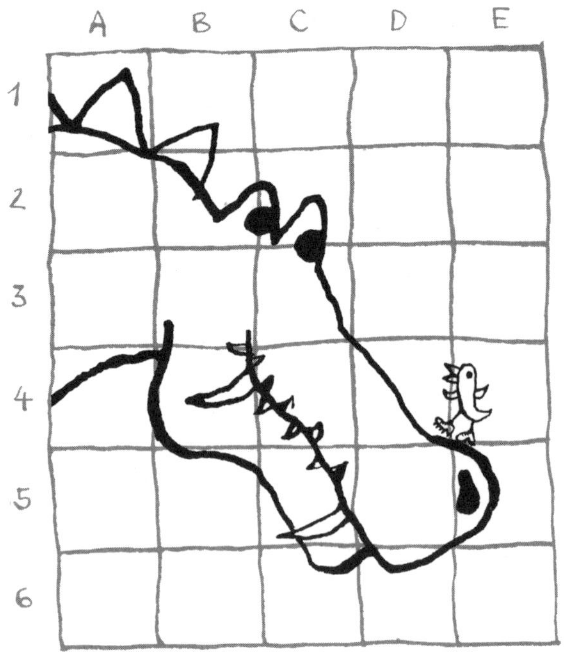

	A	B	C	D	E
1					
2					
3					
4					
5					
6					

Entdeckst du diese drei Schafe in der Herde? Wer hilft dem Schäfer dabei, sie zu bewachen? Male seinen Helfer.

Franz trifft sich mit seinen vielen Freunden. Male sie.

Plötzlich rennen alle weg.

Verbinde die Zahlen und Buchstaben, um zu sehen, warum.

Ein Bär! Schnell, male ihm einen großen Haufen seiner Lieblingsspeisen, um ihn abzulenken.

Es hat funktioniert! Der Bär ist satt und macht ein Nickerchen.
Male ihm einen schönen Bärentraum.

Der Bäcker hat seine Mütze verloren.
Kannst du ihm helfen, sie zu finden?

Welcher Hund
gehört zu wem?

Male den fehlenden Hund.

Welche der Schlangen ist die längste und welche die kürzeste?
Welche die dickste und welche die dünnste?

Male bunte Muster auf die weißen Schlangen.

Zeichne, wen der kleine Roboter kennenlernt.

1

3

2

4

Welcher Fuß gehört zu welchem Kopf? Und wie sieht wohl der Kopf zu dem übrig gebliebenen Fuß aus?

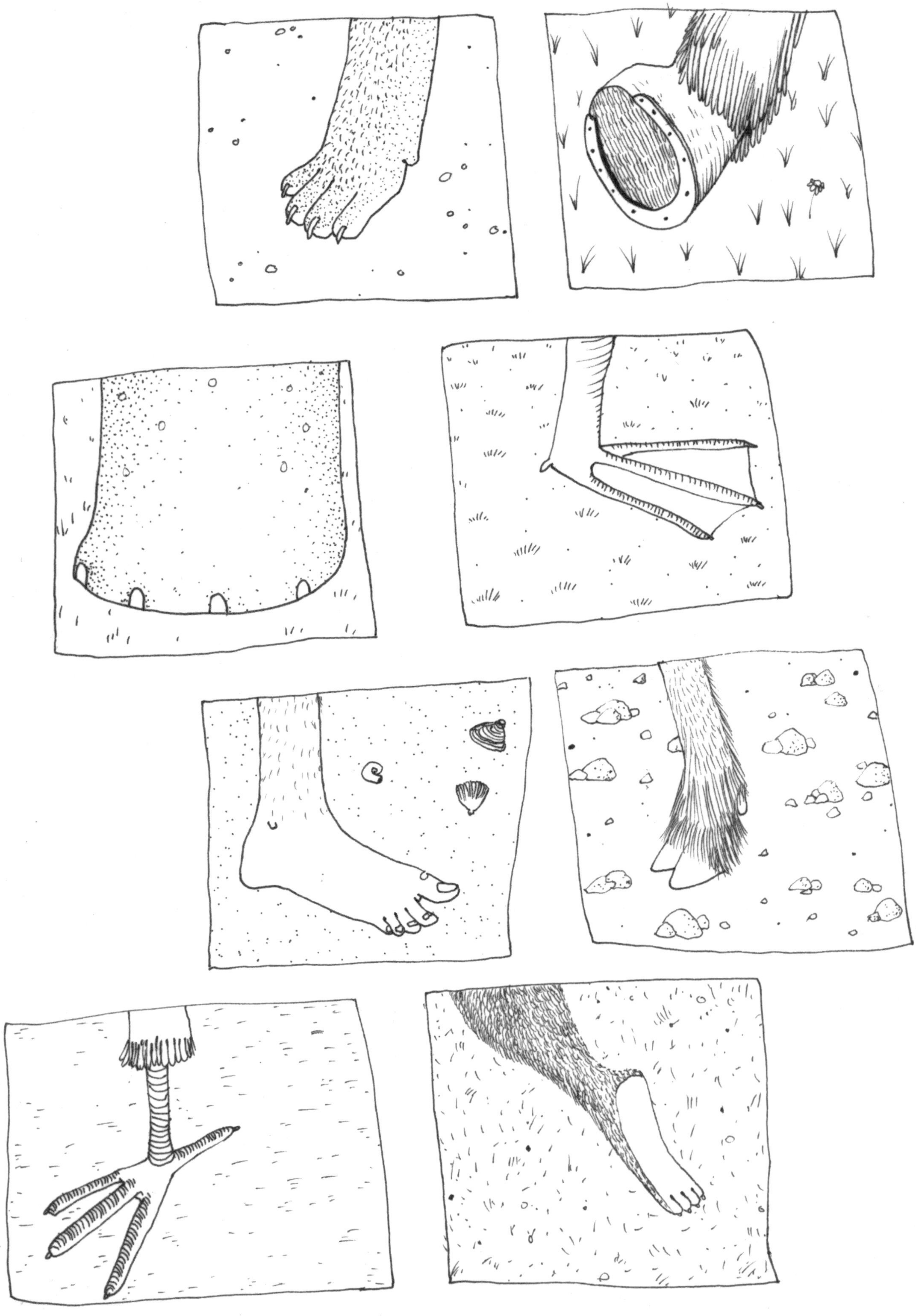

Der dicke Eberhardt hat Hunger. Male sein Lieblingsessen in die große Vorratskammer und hilf ihm, den Weg dorthin zu finden.

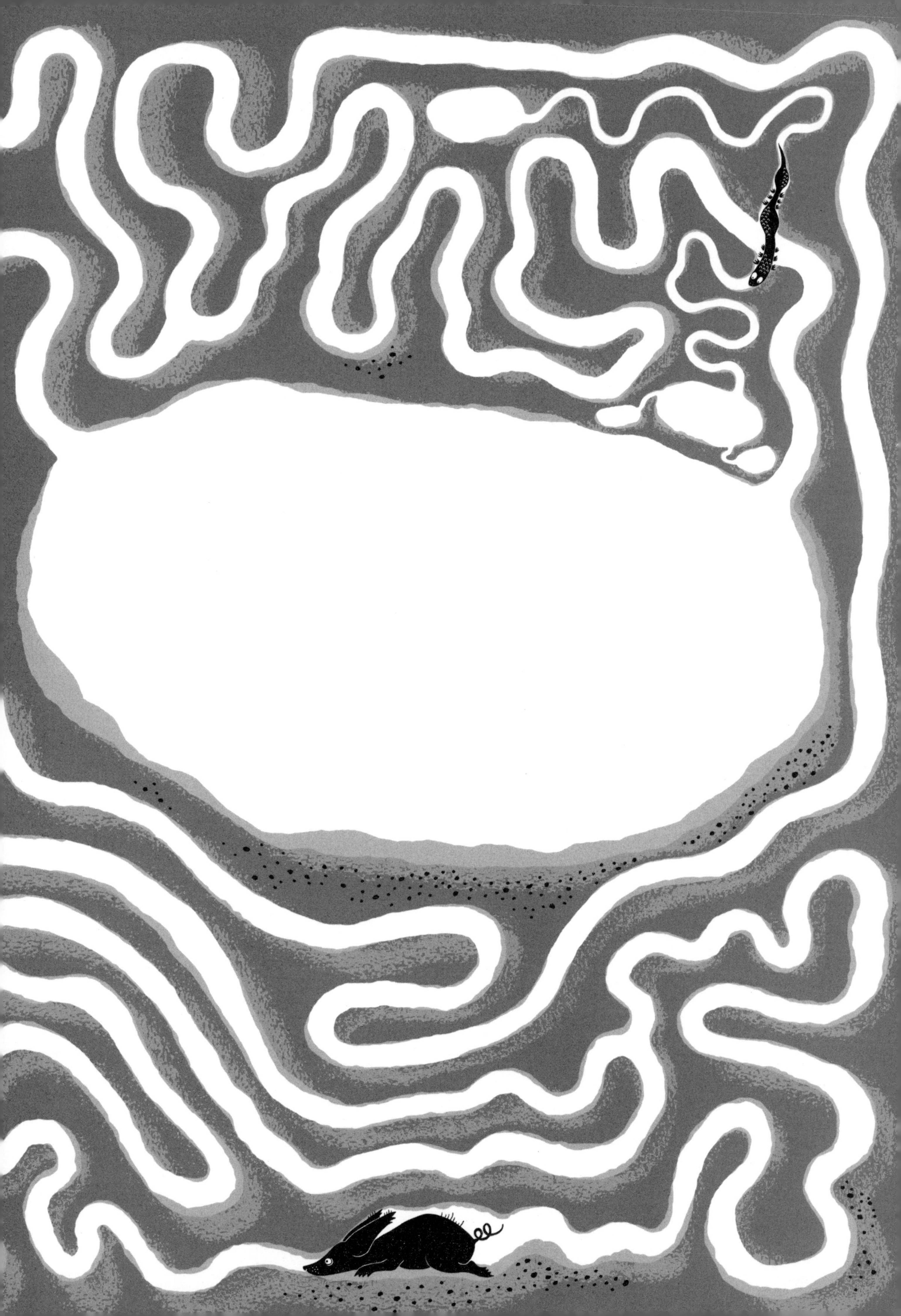

Wo ist der Elefant im Porzellanladen?
Suche ihn und male dabei noch mehr Unordnung.

16

9,30
4,50
3,99
12,–
2,99

Versteckst du diesen wertvollen Ring
zwischen ganz vielen Sachen?

Wenn du die gemusterten Flicken der Eskimos in die richtige Reihenfolge bringst, erfährst du, worauf sie warten.

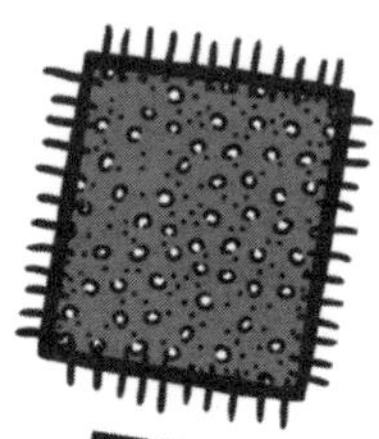

EN

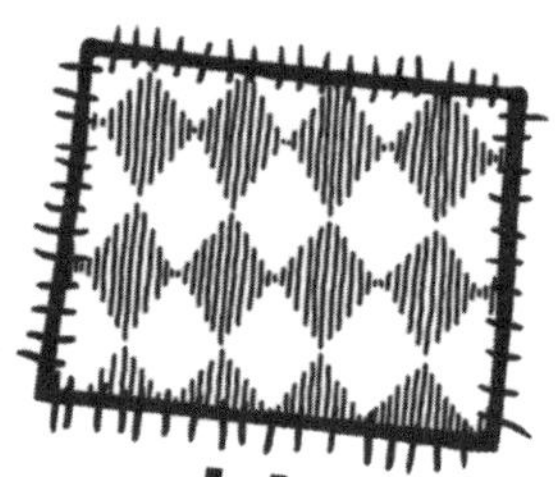

LI

CH

TT

ND

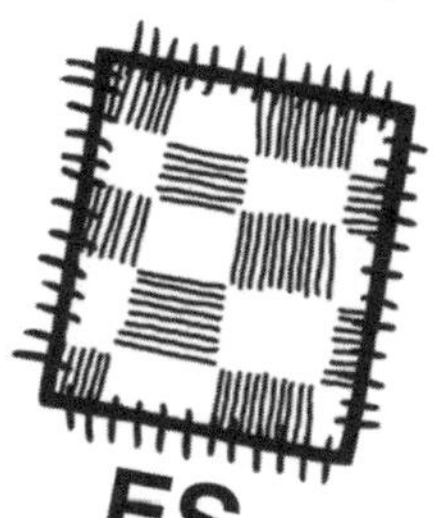

ES

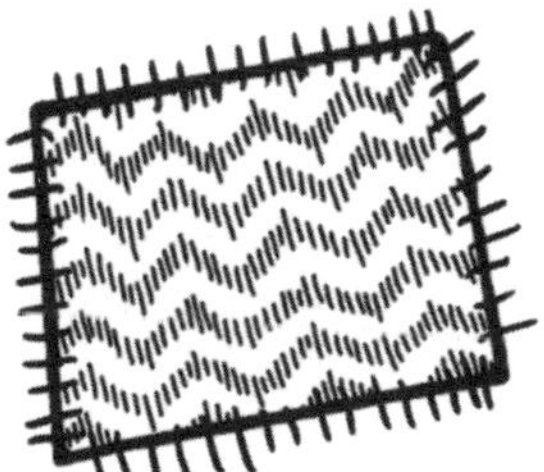

HU

HU

Hilf dem Ritter, den Weg zum Boot zu finden, mit dem er auf die Insel rudern kann.

Male das Boot weiter.

8
7
6
5
4
3
2
1
9
10
12
11

Findest du den zweiten Schuh für Emma? Suche alle Schuhpaare und male sie farbig an. Welchen Schuh gibt es nur einmal?

Hilf Renate. Das Pony läuft nur, wenn es ein bestimmtes Wort hört. Wenn du herausfindest, in welcher Reihenfolge der Löwenzahn wächst, hast du das Wort.

ü
o
h

Wie oft findest du die Gegenstände auf der rechten Seite im Bild unten? Male weitere Sandburgen.

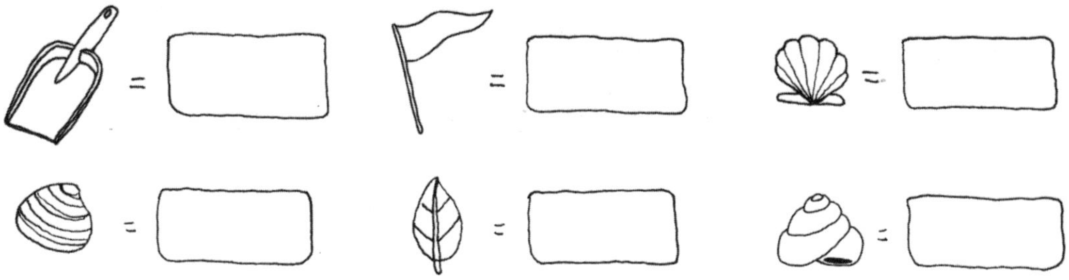

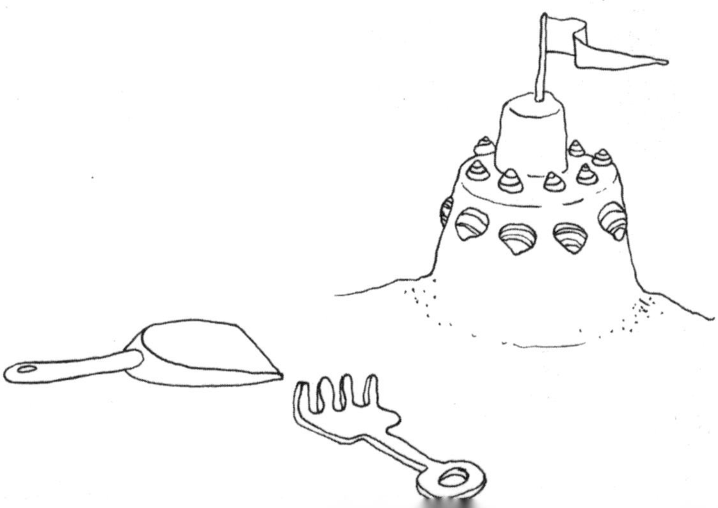

Franz und Onkel Fritz haben eine Flaschenpost mit einem Schatzplan gefunden. Zeichne den Schatzplan.

22

Schütze die Sonnen vor den Rechtecken, indem du eine einzige große Mauer um alle Sonnen malst, ohne eins der Rechtecke mit einzuschließen.

Hilf dem Inkakönig zu seiner Pyramide.

Male ein Bild, auf dem folgende Dinge zu sehen sind.

24

Welche Schatten
gehören zu welchem
Tier?
Male sie in derselben
Farbe an.

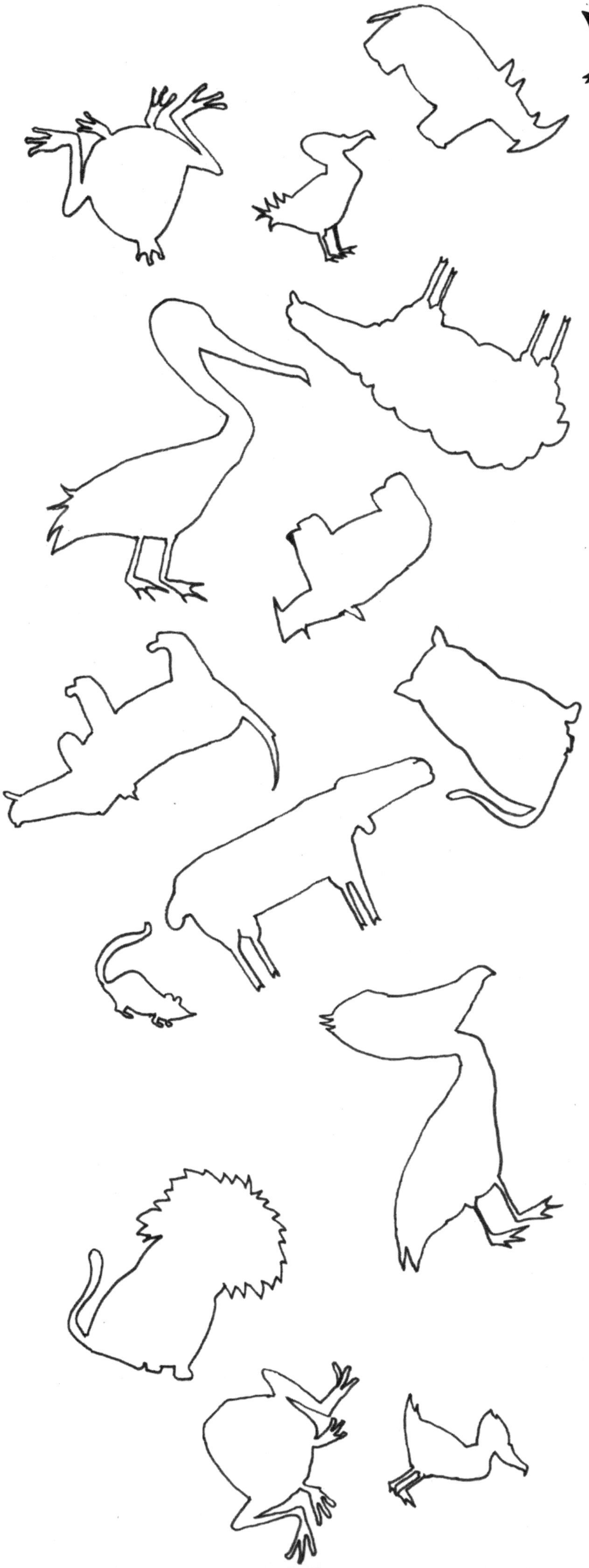

Wie kommt der Vogel zu seinem Häuschen?

Zeichne, wie der Polizist den Dieb gefangen hat.

1

3

2

4

Wer ist hier mit schmutzigen Schuhen durch die Küche gelaufen? Trage die Buchstaben der Schmutzfinken in der richtigen Reihenfolge ein und du erfährst, wie der Kater heißt.

R
O
M
S
i
F
K
e
T

Finde heraus, welche Tiere sich hinter den Zahlen verbergen, und male den Wald, in dem sie wohnen.

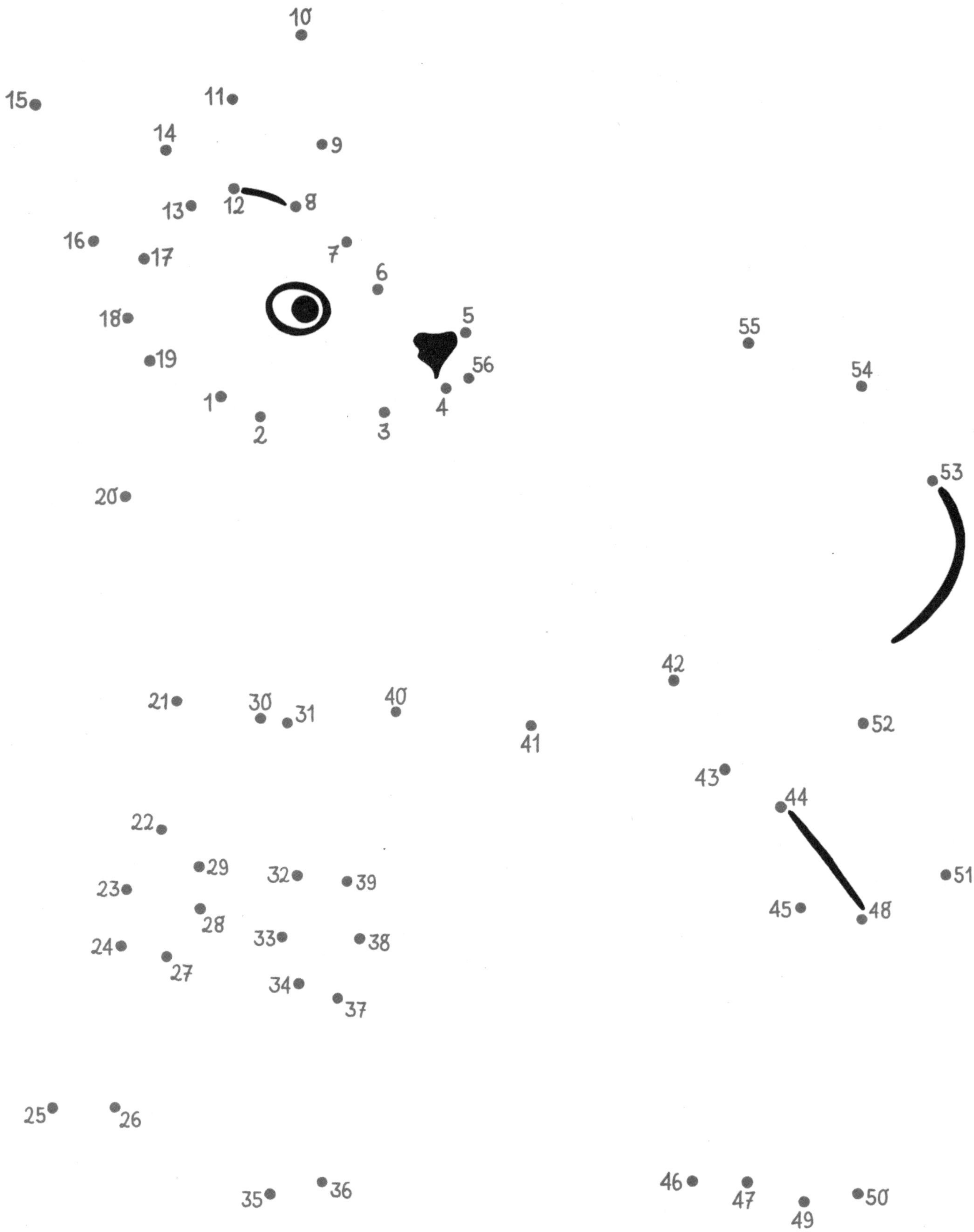

1
2
3
4
5
6
7
8
9
10
11
12
13
14
15
16
17
18
19
20
21
22
23
24
25
26
27
28
29
30
31
32
33
34
35
36
37
38
39
40
41

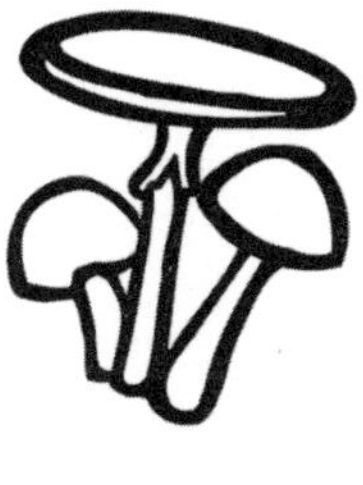

Wie kommt der Dieb zum Notausgang? Malst du die Sachen im Regal bunt an?

27

Welches Tier versteckt sich hier?

28

Zeichne auch ein Suchbild, in dem sich ein Tier versteckt hat.
Frag deine Freunde, ob sie es finden.

29

Welche Dinge im Bart gehören nicht zu einem Friseur?
Male den Friseursalon fertig.

Welcher Weg ist am kürzesten? Wenn du unsicher bist, kannst du eine Schnur zu Hilfe nehmen, sie auf die Wege legen und dann abmessen.

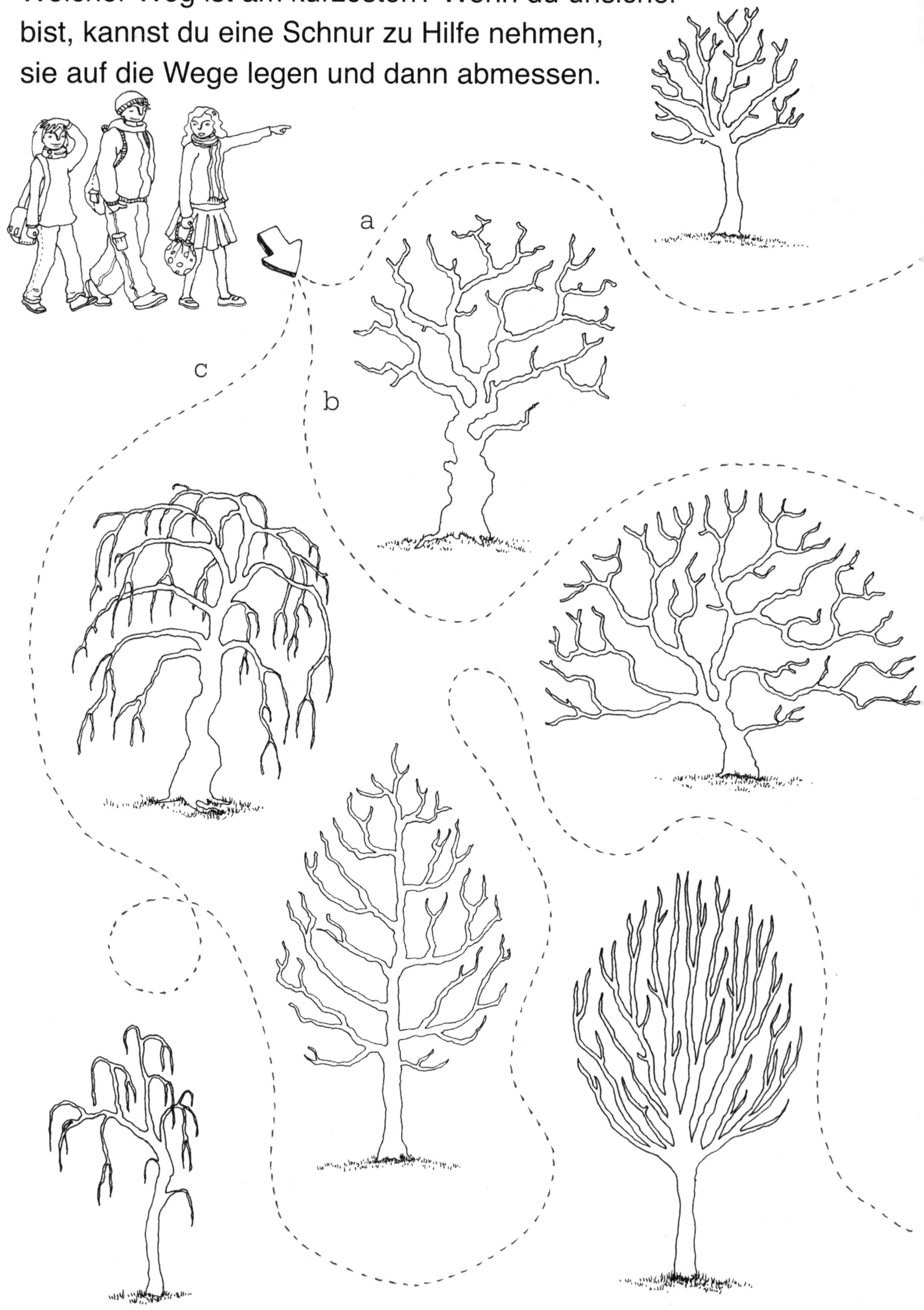

Der Gärtner schneidet Figuren aus Hecken und Bäumen. Wen hat er noch nicht gemacht? Male, wie die Heckenfigur aussieht.

Tim hat ein leckeres Essen für seine Freunde gekocht. Doch etwas hat er vergessen: Es ist orange, hat oben einen grünen Puschel und unten ist es spitz. Zeichne, was Tim vergessen hat.

Was wünscht sich das Pferd Zeus zu essen?

In welchem Kostüm kommt Paul zur Party?

Male weitere verkleidete Partygäste.

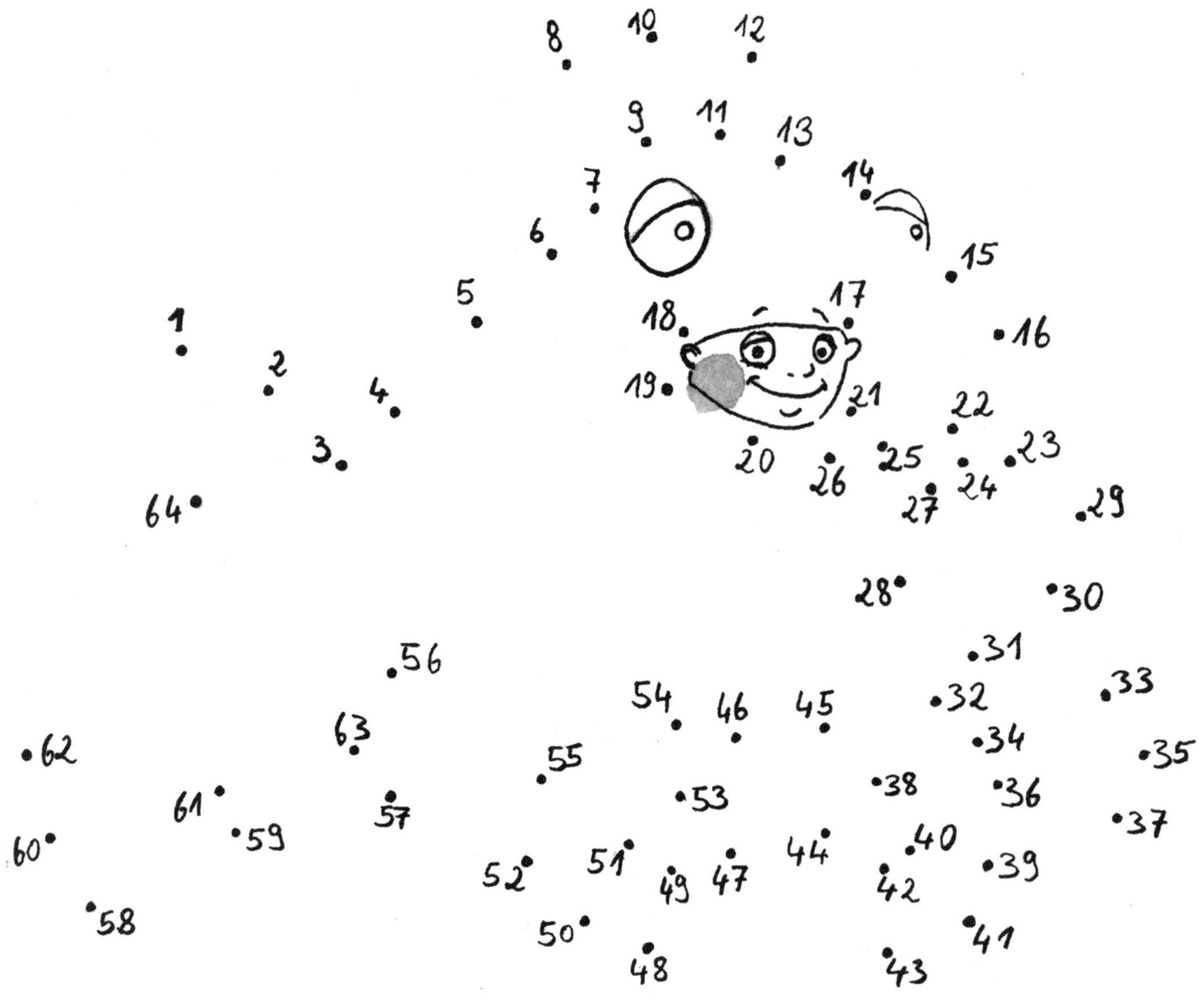

Zeichne, wem der Samuraikrieger die geheime Schriftrolle bringt.

1

3

2

4

Mutter Chamäleon sucht ihre zehn Kinder. Findest du sie?

Die Giraffe hat zu viel Limonade getrunken und ein Labyrinth verschluckt. Hilf dem armen Rülpser nach draußen.

Male die Muster der Geschenkpapiere weiter
und viele Geschenke daneben.

Bei einer wilden Mäusejagd haben immer zwei Katzen ihre Schatten vertauscht. Male sie mit derselben Farbe an. Malst du am Ende auch der kleinen Katze unten einen Schatten?

Erfinde die restlichen Geheimzeichen und schreibe eine Nachricht.

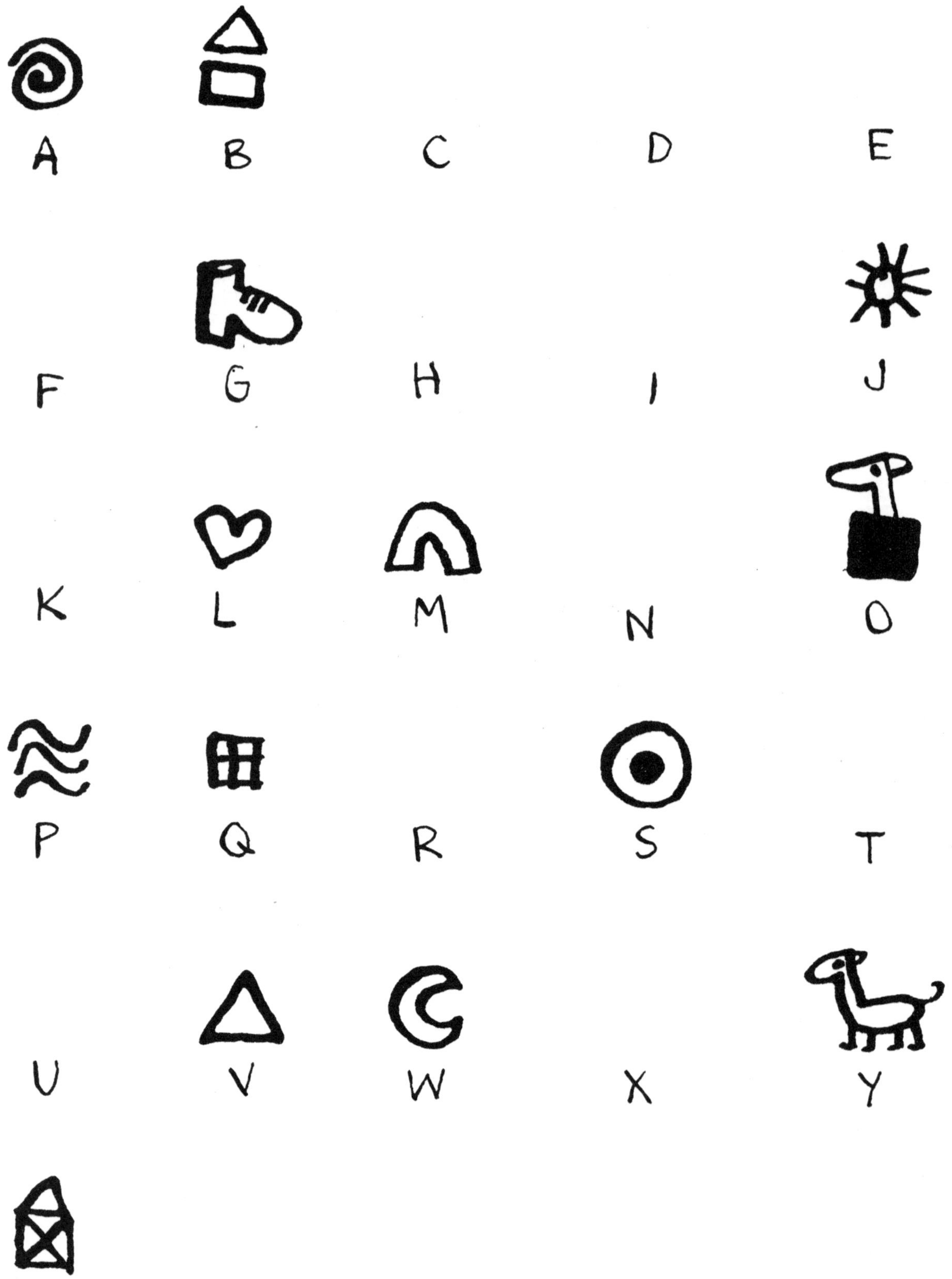

Hilf dem Hund im Baum, seine Uhr zu finden.

Male weitere Hunde, die am Rennen teilnehmen.

Worüber unterhalten sich das Kissen und die Matratze?
Male oder schreibe.

Erfinde eine Maschine. Was produziert sie?

Übertrage das Bild auf die Kästchen rechts und male es an.
So erhältst du ein vergrößertes Bild.

Blacky hat sich aus Versehen auf das Tablett gesetzt. Zum Glück hält seine Freundin Anna das abgebrochene Stück, damit er es reparieren kann. Malst du das fehlende Teil?

Die Äffchen haben ihr Essen durcheinandergebracht. Male das richtige Essen in die Denkblasen. Wer sitzt auf dem leeren Ast und auf welches Essen freut er sich?

Verbinde die Zahlen und du siehst, was alles mit umziehen muss. Male, was der Junge rechts in seinem Karren zieht.

Der Fuchs hat sich im Bau verirrt. Wie findet er hinaus?
Und wer wohnt in den anderen Höhlen?

36

Zeichne die Geschichte weiter.

1

3

2

4

Finde die zwölf Unterschiede in diesen Bildern und kringele sie ein.

3

Male eine schwimmende Konzerthalle.

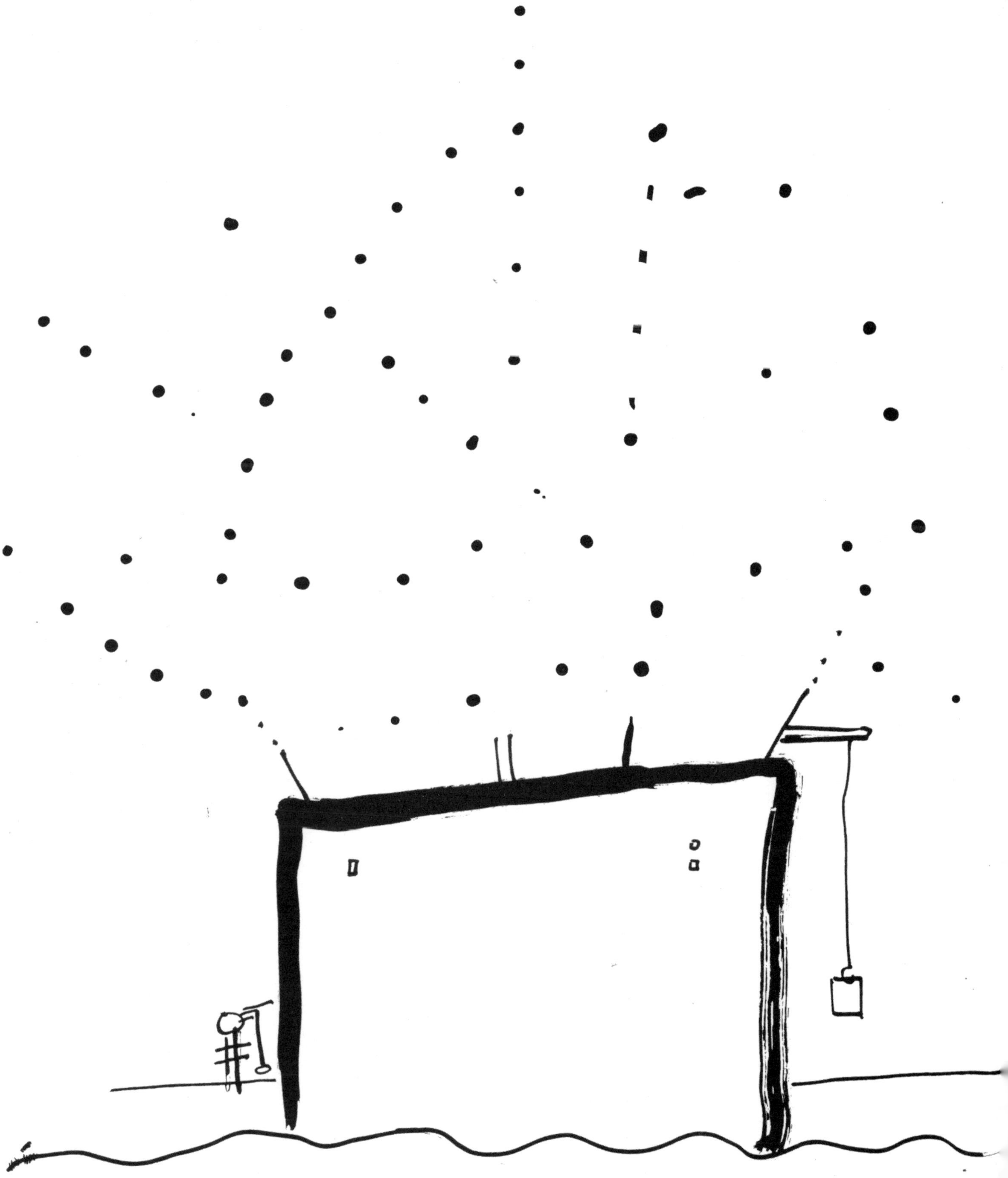

38

Welche dieser Dinge gehören in die Luft? Male sie in den Himmel über der Stadt. Fallen dir noch mehr Sachen ein, die fliegen können?

Wie kommen die Mäuse zum Parkplatz? Male weitere Figuren aus Märchen in das Bild.

SCHULE
P

Nele, Franz und ihre Freunde haben ein Foto gemacht.
Aber damit stimmt etwas nicht. Findest du die Fehler?

Wer hat die Kokosnuss geklaut?

Welches Futter haben die Tiere noch gestohlen?

mare

Wie siehst du aus?

Schreib deinen
Namen:

Hier fehlt das Seil. Klebe stattdessen ein Haar von dir hinein.

Weißt du schon, was du mal werden möchtest?

Zeichne hier hinein,
was du gerne magst.

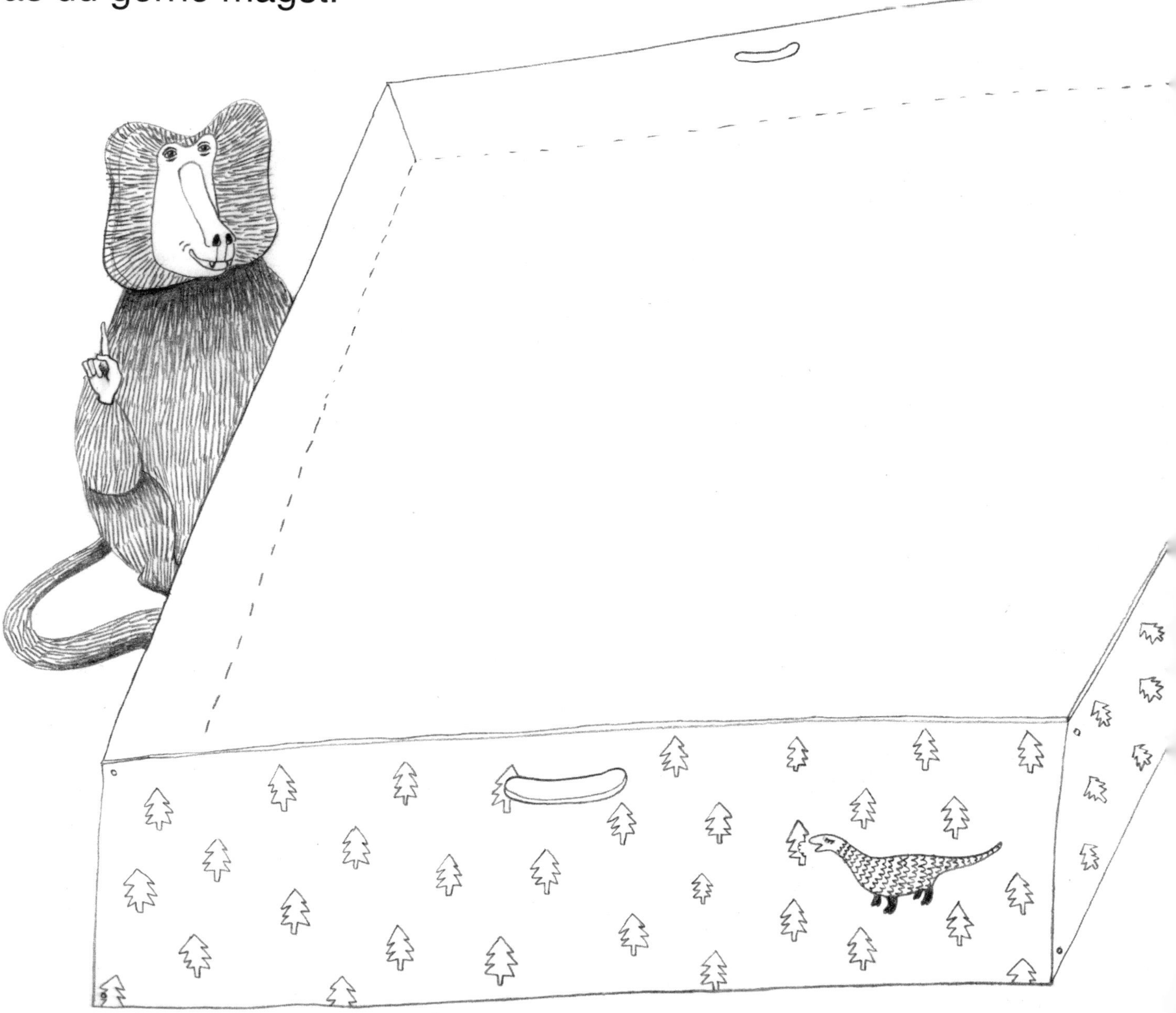

Male etwas daraus.

Male etwas daraus.

Lösungen

Eule 1

Eule 2

Eule 3

Eule 4

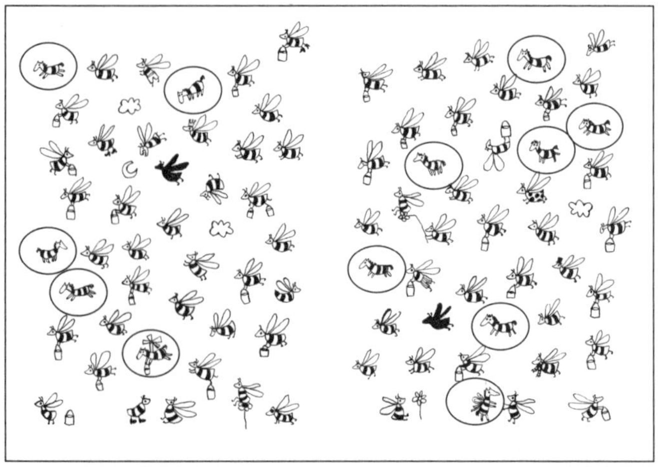

Eule 5

Eule 6

Eule 7

Eule 8

Eule 9

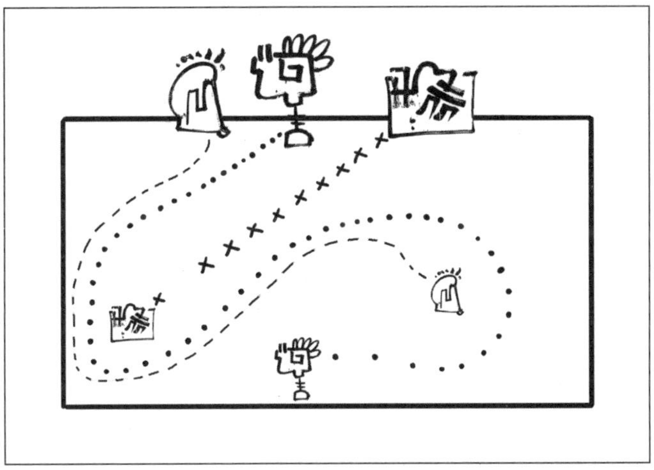

Eule 10

Eule 11

Eule 12

Lösungen

Eule 13

Eule 14

Eule 15

Eule 16

Eule 17

HUNDESCHLITTEN

Eule 18

Eule 19

Eule 20

Hühott

Eule 21

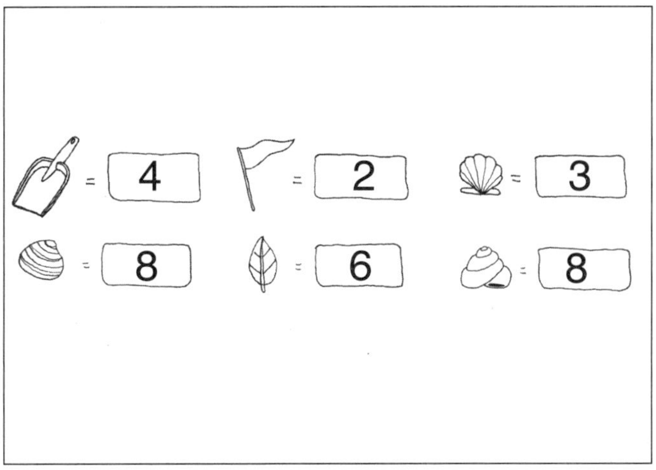

Eule 22

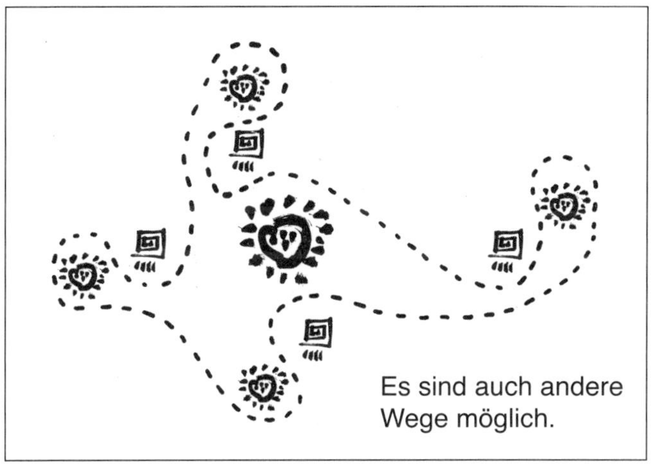

Eule 23

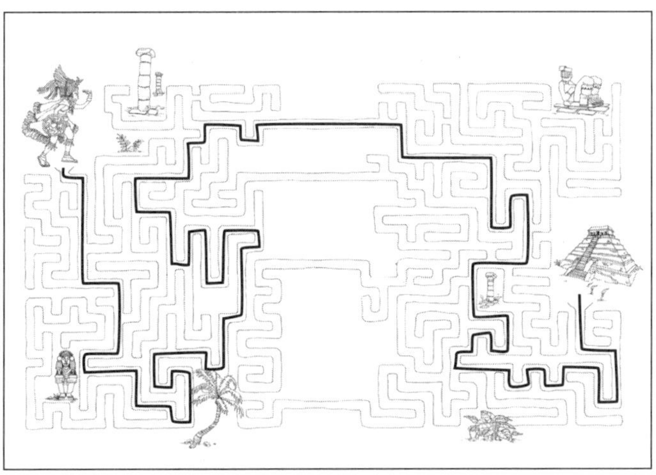

Eule 24

Lösungen

Eule 25

Eule 26

TIM

Eule 27

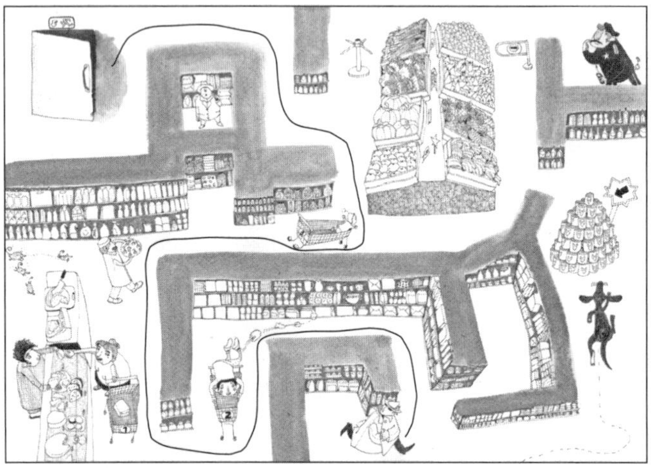

Es sind auch andere Wege möglich.

Eule 28

Eule 29

Eule 30

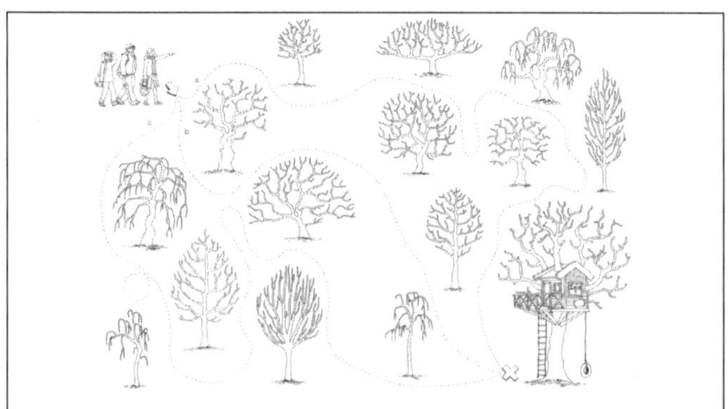

Nummer a ist der längste Weg und
Nummer b ist der kürzeste Weg.

Eule 31

Eule 32

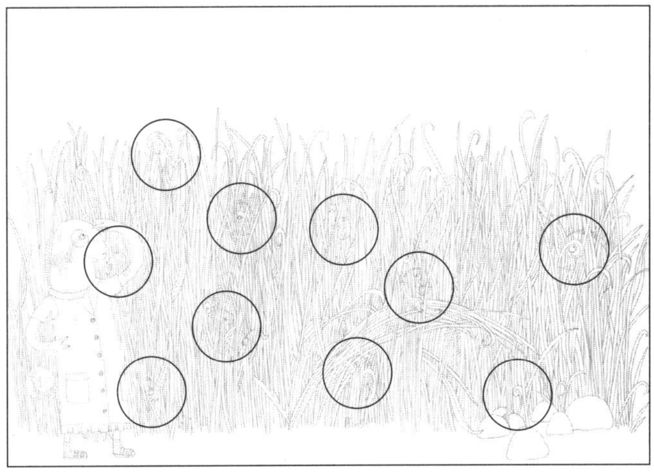

Eule 33

Eule 34

Eule 35

Eule 36

Lösungen

Eule 37

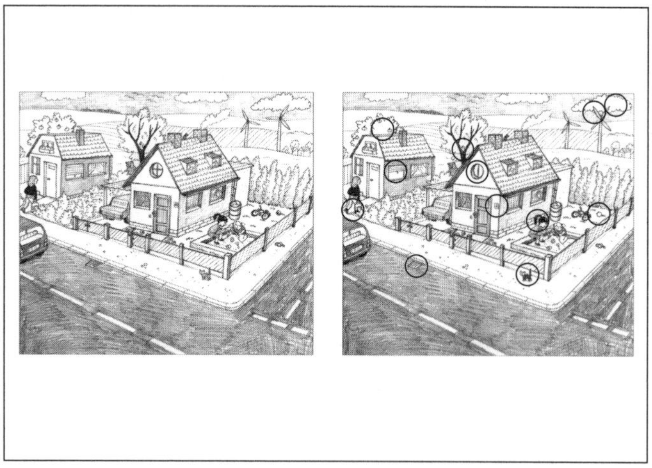

Eule 38

Eule 39

Eule 40

Eule 41

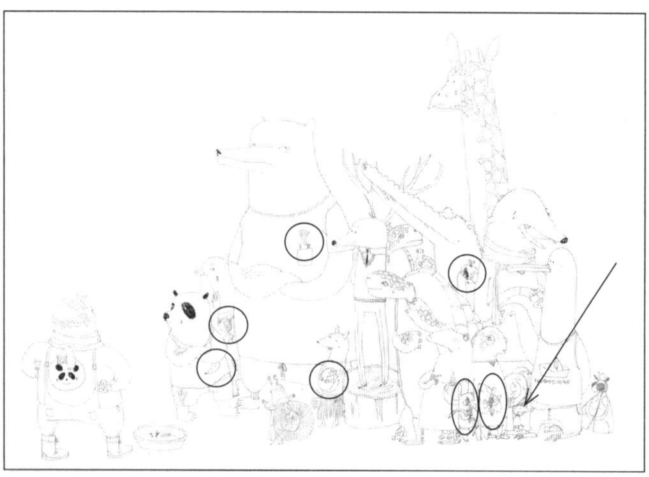

Die Krickelkrakels

Lotte Bräuning malt gern Tiere, isst gern Torten und träumt davon, dass sich ein Eichhörnchen sein Nest auf ihrem Kopf baut.

Judith Ganter findet gern Wolkentiere und hatte früher einen Vogel.

Nicole Iwanov mag Streifen und Punkte, die kommen auch in ihren Bildern vor. Gestreifte Vorhänge hat sie auch, nur eine Streifentapete ist ihr zu gewagt.

claire Lenkova ist sich selbst manchmal ein Rätsel. Anderen sowieso. Um es zu lösen, erzählt sie Geschichten über sich und ihr Leben – natürlich in Bildern!

Die Krickelkrakels

Eleanor Marston wohnt in einem schiefen Haus ganz oben unterm Dach. Sie mag Gespenster und trägt gern bunte Kleider.

Maria Müller-Leinweber mag besonders Kaninchen und das Meer. Sie malt nicht nur für Kinder, sondern auch gern mit ihnen zusammen.

SP (Stefan Pertschi) ist und bleibt ein Geheimnis.

Lena Pflüger wuchs in Deutschland und England auf und sammelte als Kind Elefanten. Inzwischen besitzt sie über 100 Stück.

Ann Cathrin Raab hat ein Trampeltier als Haustier. Es sieht aus wie eine Katze und heißt Fidibus.

Jasmin Schäfer mag, wenn`s draußen blitzt und donnert. Sie geht gern spazieren und isst am liebsten Pfannkuchen mit Puderzucker, Blaubeeren und Vanilleeis.

Trixi Schneefuß bastelt mit Vorliebe im Mondschein und würde gern einmal mit einem Katzentier über die Dächer und um die Häuser ziehen. Miau hin – miau her.

Simon Schwartz wollte als Kind immer Zirkusdirektor werden. Den Zylinder hat er schon und die Löwen, Elefanten und Affen malt er sich einfach auf Papier.

Katharina Sieg. Ich komm vom Mars, das war's.

Tobias Wieland mag kleine Katzen und fragt sich manchmal, warum es immer noch keine Raketenstiefel gibt.